最速でマスター!

ラテアート
Book

ラテアート講師
馬場健太

KADOKAWA

JN032966

はじめに

　友人とおしゃべりをしたり、ひとり時間を過ごしたり、仕事の合間に
ひと息ついたり。そんな何気ない日常に欠かせないのが、カフェやコー
ヒーです。おいしいコーヒーを飲めることもうれしいけれど、それにか
わいい絵や模様が描かれていたら、もう1つ、"幸せ"が加わる…。それが、
僕が「ラテアートっていいな」と思ういちばんの理由です。

　僕がラテアートに興味を持ったのは大学時代。当時は初心者でも取り
組みやすい、ピックなどで絵を描く「エッチング」という技法で楽しん
でいました。そして、卒業を機に上京してカフェに勤め、ミルクを注ぎ
ながらアートを完成させる「フリーポア」と出会ったのです。「フリー
ポア」は練習が必要ですが、注いですぐ提供するためテイストが落ちに
くく、まるで手品のような驚きがあるなど、たくさんの魅力があります。

　本書では、「ラテアートって何？」というところから、自宅でも簡単
に作れる方法、「エッチング」の技法や、「フリーポア」の基本から応用
まで、初めてラテアートに挑戦する方も少しずつステップアップできる
よう、丁寧に解説しています。自分が初心者の頃に難しいと感じたこと
や、普段開いている教室の生徒さんがつまずきやすいポイントを考慮し
ながら、わかりやすくまとめました。

　本書をきっかけに、1人でも多くの方が、ラテアートに興味を持って
くださったり、ラテアートの魅力を体験してくださったら、幸せです。

　　　　　　　　　　　　　　　　　　　　　　　　　馬場健太

「自分を表現できる何か」
を求めて…

Interview

　子どもの頃から漠然と「会社や組織に捉われず、自分のやりたいことを極めて生きていきたい」という夢がありました。けれど、具体的にどうしていいかはわからず、地元の福岡で大学生活を送っていた21歳のとき、友人の推薦で「ジュノン・スーパーボーイ・コンテスト」に応募。最後の15人まで残ったものの、13人に絞るときに落選。ファイナリストと比較したとき、自分の個性のなさに愕然としました。

　その出来事をきっかけに「自分を表現できる何かを見つけたい」という気持ちに火がついたのです。そして、大学卒業を機に、上京を決意。以前から趣味で練習していたラテアートに力を入れているカフェで働くことを決め、いっぽうで役者やモデルのオーディションを受けるようにもなりました。

みんなが笑顔になるラテアート。
その魅力にどっぷりとハマりました

上京して働き始めたカフェでは、先輩方に教えてもらいながらラテアートの練習に励みました。最初はまったくできないことのように思えた繊細な絵柄にも、練習を重ねるうちに挑戦できるようになり…。できないことができるようになるのもうれしいし、仕上がった絵柄を見るのもうれしい。

　そして、何よりラテアートをお出しすると、お客様がみんな笑顔になるのです。「ラテアートって、いいことしかないな」と、その魅力にどっぷりとハマっていきました。

ラテアートを始めてたった5カ月で
世界大会に出場し、その後国内大会で4回優勝

　カフェに勤め、ラテアートを本格的に始めて5カ月ほど経った2017年10月、大阪で開催されるラテアートの世界大会の予選を通過し、カフェの先輩方と一緒に本大会に出場できることになりました。

　始めて5カ月で本大会に出られるというのは、異例の速さとのこと。結果は初戦負けでしたが、レベルの高い人たちの技術に刺激を受け、ラテアートを自分の軸にしていこうと考えるきっかけにもなりました。

　その後も練習を重ねて世界大会に挑み、翌年国内で開催されたオンラインのラテアート大会で初優勝。カフェ対抗の大会でも日本一になり、2020年には抹茶ラテアートの大会で優勝するなど、これまで、ラテアートの大会で4回の優勝と、7回の入賞を果たすことができました。

〝飲める芸術〟ラテアートが
身近な文化として根づくことを目指して

　カフェの仕事をし、ラテアートの大会にも出場しながら、インスタグラムやTikTokなどのSNSでは、自分のことや、カフェやラテアートについてたくさんの人に知ってもらうことを意識して発信。ラテアート教室もスタートしました。

　そして、2022年12月に、「飲める芸術」をコンセプトに、自分のお店「LATTE ART MANIA」をオープン。多くの人の日常の中にカフェがあり、ラテアートが身近な文化として根づくことを目指して、夢に向かう道のりは、始まったばかりです。

Contents

053
part 2 基本のフリーポアをマスターしよう

065
part 3 だれにでもできるエッチング

Staff

撮影／原田 崇
デザイン／蓮尾真沙子 (tri)
編集協力／井汲千絵
イラスト／omiso
校正／麦秋アートセンター

part

1

| 入門編 |

ラテアートって
何？

そもそも、ラテアートって何を指すの？ということから、
ベースとなるエスプレッソやスチームミルクの作り方、
ミルクの注ぎ方のポイントまで、ラテアートの基本を
初心者の方にもわかりやすくご説明します。

ココアラテ

抹茶ラテ

カフェラテ

ラテ　　　　　　　　アート

Latte + Art

（牛乳）　　　　　　（芸術）

ラテアートとは…

エスプレッソやココア、抹茶と
牛乳で、かわいい絵柄を楽しむ!

カフェラテやカプチーノの上に、ハートやチューリップなど、ざまざまな絵柄が描かれた「ラテアート」。

そもそも、ラテアートとは、イタリア語の「Latte」＝牛乳と、英語の「Art」＝芸術を組み合わせた混成語です。エスプレッソと牛乳を使ったカフェラテやカプチーノが一般的ですが、ココアや抹茶など、エスプレッソ以外の飲み物に描くこともできます。つまり、広い意味では、「ラテ（牛乳）を使った飲み物の上に絵柄が描かれたもの」ということもできます。

本書ではエスプレッソと牛乳を使ったカフェラテに絵柄を描く方法をメインに、ココアや抹茶を使った方法もご紹介。まずは手に入りやすいものや、作りやすいものから試してみてください。

牛乳を使ったドリンクがアートに! 作る人も飲む人もうれしい気持ちになるのがラテアートです

エスプレッソの抽出と
スチームミルクがキーポイントに！

———————

　ラテアートは、茶色いエスプレッソに白いスチームミルクを注ぐことで、絵柄がくっきりと浮き上がります。

　つまり、エスプレッソがキャンバスなら、スチームミルクは絵の具のようなもの。キャンバスと絵の具の状態がよければ、ラテアートは作りやすく、きれいに仕上がりますが、状態がよくないと、いくらアートを描く技術を身につけても、絵柄がにじんだり、うまく描けない原因になります。

　まずはラテアートに向く、おいしいエスプレッソの抽出の仕方と、スチームミルクの作り方をマスターすることが、ラテアート上達への近道。エスプレッソの代わりに抹茶やココアを使う場合も、エスプレッソのように濃いめに、とろりとした状態にするとうまくいきます。

エスプレッソ＝キャンバス　　スチームミルク＝絵の具

ラテアートにはフリーポアと
エッチングがある

ラテアートにはいくつか種類がありますが、本書では僕が得意とするフリーポアと、
初心者でも簡単にできるエッチングの2種類をご紹介します。

フリーポア

何も使わず（＝フリー）、注ぐ（ポア）と
いう意味で、ミルクを注ぐ動きが生み出
す対流だけを利用して絵柄を描く技法。
先にカップにエスプレッソを入れ、スチ
ームしたミルクを注ぎます。ミルクを注
ぐワンアクションのみでアートが完成す
るそのダイナミックさを楽しめます！

最初はシンプルなハートか
ら練習し、慣れてきたら細
かいレイヤーを入れたハー
トやさらに複雑な形など、
繊細な絵柄を作れるように
なります。

エッチング

カップにミルクを注いだあと、ピックや
スプーンで直接表面に絵柄を描く技法。
フリーポアでミルクのドット（丸）が1
つか2つ作れれば、さまざまな絵柄にア
レンジしやすくなります。絵柄の自由度
が高く、フリーポアでは表現できない動
物なども可能。チョコシロップなどを使
うこともあります。

2つのミルクのドット（丸）
を、クマの絵柄に。耳と前
足の部分にはスプーンでミ
ルクの泡をのせ、顔はエス
プレッソをつけたピックで
描きます。

どちらもコーヒーの
おいしさを損なわないよう、
手早く仕上げるのがポイント！

ラテアートの手順

ラテアートを実際に作る前に、まずは全体の流れを把握しておきましょう。

フリーポアの場合

① エスプレッソを淹れる

- ●エスプレッソマシンを使う場合→P.30〜
- ●エスプレッソマシンがない場合→P.34〜

抹茶やココア、インスタントコーヒーを使うときの淹れ方を解説しています。

② スチームミルクを作る

- ●エスプレッソマシンを使う場合→P.36〜
- ●エスプレッソマシンがない場合→P.40〜

電子レンジがあれば、ミルクフォーマーやフレンチプレスでもスチームミルクを作れます。

③ ミルクを注ぐ

- ●ミルクの注ぎ方のポイント→P.44〜
- ●フリーポアの絵柄の描き方
- →part2 基本のフリーポアをマスターしよう（P.53〜）
  part4 応用フリーポアでもっと楽しむ（P.85〜）
  part5 超上級者編チャレンジ！フリーポア（P.115〜）

最初にカップにエスプレッソを抽出。次にスチームミルクを注ぎ、アートを描きます。エスプレッソもミルクも時間が経つときめ細かな泡がつぶれてしまうため、同時に作れないマシンの場合でも、間隔が空かないように素早く作りましょう。

Process

エッチングの場合

①、② はフリーポアと同じ

③ ミルクを注ぐ

- ●ミルクの注ぎ方のポイント→P.44〜
- ●エッチングを描くときのベースとなる白いドット（丸）の
  描き方は、part2 基本のフリーポアをマスターしよう
  （P.53〜）を参考にしましょう。

④ ピックやチョコシロップを
  使って絵を描く

- ●絵柄の描き方の具体例→part3 だれにでもできる
  エッチング（P.65〜）

エスプレッソとスチームミルクの作り方はフリーポアと同じ。フリーポアのもっとも基本的な方法で大きな丸を描き、そこにピックなどで絵柄を描きます。フリーポアで失敗したものに、線を描いてかわいく蘇らせることもできます。

初心者におすすめの
ラテアートの道具

これからラテアートを始める方に揃えていただきたい道具をまとめました。
エスプレッソマシンがない場合の代用アイテムも紹介。

エスプレッソマシン

エスプレッソ用に細かく挽いたコーヒー豆に高い
圧力をかけ、濃厚でコクのあるエスプレッソを抽
出。ドリップ式のコーヒーメーカーと比べると抽
出時間が短く、きめ細かい泡（クレマ）の層とト
ロミのあるエスプレッソができます。スチームミ
ルクを作るためのミルクフォーマーがついている
ものがベスト。マシンの選び方は、P.28〜29を
参考にしてください。

エスプレッソマシンがない場合は…

**ミルクフォーマーもしくは
フレンチプレスを用意**

スチームミルクは、電動式ミルクフォーマーや、フレ
ンチプレスを使って作ることもできます（詳細はP.40
〜）。エスプレッソの代わりに、エスプレッソと同じ
くらいのトロミになるように湯で溶いたインスタント
コーヒー＋チョコシロップや、抹茶、ココアなどを使
います（詳細はP.34〜）。

ミルクフォーマー　　フレンチプレス

ミルクピッチャー

12オンス≒約360㎖　　15オンス≒約450㎖　　20オンス≒約600㎖

容量は12オンス（約360㎖）、20オンス（約600㎖）が一般的です。最近増えている15オンス（約450㎖）のものも、僕はよく使っています。持ち手は指を4本入れてしっかりにぎれるものを選ぶと、注ぐときに安定。たっぷり入る20オンスは、part5超上級者編のアートなど、複雑な絵柄を描くときに使います。

カップ

8オンス≒約240㎖　　6オンス≒約180㎖

ミルクの対流が起きやすいよう、底が丸くなっているカップを選びます。口は広くて浅めのものがおすすめ。容量は6オンス（約180㎖）から8オンス（約240㎖）が一般的。どちらを使ってもよいのですが、僕の場合、普段は6オンス、part5で紹介する複雑なアートは8オンスを使うこともあります。

エスプレッソマシン徹底解説！

ラテアートを作るうえで大切なエスプレッソマシンについて解説します。
お店で使う業務用と、家庭用ではパワーや機能に違いがありますが、
自宅に家庭用のマシンがあると、ラテアートがグンと身近に！

エスプレッソを淹れながら
同時にミルクをスチームで
きるので、どちらもできた
ての状態でラテアートを作
れる。出来上がりまでの時
間もスピーディ。

業務用

マシンの上はウォーマーになって
いるので、ラテを淹れるカップは
常に温められた状態に。

エスプレッソ用のコーヒー豆を詰めるポルタフィ
ルター（a）と、それを装着するグループヘッド（b）、
スチームミルクを作るスチーム（c）。それぞれ2
つずつついて、2人で同時に作業できるマシンも
ある。エスプレッソを淹れるときの圧力を細かく
調整できるなど、さまざまな機能がついている。

豆を好みの細かさに挽くこ
とができるグラインダー。
挽き立ての新鮮な豆を使っ
たエスプレッソを使うと味
もよく、ラテアートがきれ
いに仕上がる。

エスプレッソを淹れるための付属のポルタフィルター。ここに豆を入れて本体にセットし、裏側の穴からエスプレッソを抽出する。

ミルクスチーマーはプラスチックの筒になっているタイプもあるが、この写真のようにステンレスがむき出しになっているスティックタイプがよい。

パワーは業務用には及ばないものの、家庭で気軽に本格的なエスプレッソやカフェラテを楽しめ、ラテアート用のミルクの泡立てもできる。

家庭用のエスプレッソマシンでも
きれいなラテアートは作れるの?

家庭用マシンは業務用マシンに比べてサイズが小さく、ミルクを泡立てる力やエスプレッソを抽出する力も小さくなります。「抽出できるエスプレッソの質」「連続での抽出ができる杯数」に違いが出ますが、家庭で楽しむ分には問題ないでしょう。家庭用マシンの詳しい選び方はP.28〜29を参考にしてください。

ラテアートに向く
家庭用エスプレッソマシンの選び方

エスプレッソマシンを選ぶときのチェックポイント

① エスプレッソの抽出圧は9気圧以上

セットした挽き豆にしっかり圧をかけることで、コーヒー豆が本来持つ香りや味を発揮しやすくなります。目安としては、抽出圧が9気圧以上のモデルを選んで。

② スチーム機能つきで、かつスチームのパワーがあるもの

スチームのノズルはステンレス製で、長く、可動域の広いものだと、ノズルの角度や深さを調整しながら、ラテアートにぴったりのきめ細かなスチームミルクをつくりやすくなります。また、しっかりパワーのあるものがおすすめ。

③ 全自動タイプより、手動タイプがラテアート向き

全自動のものより、自分で豆やポルタフィルターをセットする手動タイプの方が、エスプレッソとスチームミルクの出来上がりを自分で調整しやすく、ラテアートに向いています。

④ エスプレッソとスチームミルクを同時に作れればさらに◎

エスプレッソの抽出とスチームを同時に利用できるタイプなら、絵柄のコントラストが出やすく、よりラテアートを描きやすくなります。ただし、10万円以上のハイエンド機種になるので、最初は低価格帯のマシンでも十分。

⑤ 豆を挽くためのグラインダーがついているかどうか

グラインダーつきのモデルは高価ですが、1台ですべて完結するので便利。ついていないモデルの場合は、別に購入して常に挽きたての豆でエスプレッソを抽出するのが理想。

エスプレッソマシン

上のチェックポイントの①②③をクリアしたモデルをご紹介します。初心者〜中級者であれば、このモデルで大満足！ ④⑤の機能も兼ね備えた上位モデルは、初心者〜上級者まで使えます。

＼コンパクトで扱いやすいエントリーモデル！／

デロンギ・スティローザ
エスプレッソ・カプチーノメーカー
EC235J-BK
¥19,800（税込）　※編集部調べ

エスプレッソ抽出に最適な圧力＝9気圧と最適な温度＝90℃を実現。香り豊かでトロミのあるエスプレッソを抽出します。動かしやすいステンレス製スチームノズルつき。

【チェックポイント】
①○／ポンプ圧15気圧、抽出圧9気圧　②○／動かしやすいスチームノズル　③○　④×　⑤×

ソリスバリスタ グラングストー エスプレッソマシン

SK1014
¥65,780（税込）

15気圧の高気圧ポンプを採用し、正確な圧でバランスのよいエスプレッソを抽出。360度回転するスチームパイプで、ラテアートに欠かせないきめ細かなスチームミルクを作れます。

【チェックポイント】
①○／ポンプ圧15気圧　②○／360度回転するスチームパイプ　③○／コーヒーの抽出量をカスタマイズ　④×　⑤×

デロンギ ラ・スペシャリスタ・プレスティージオ グラインダー付き エスプレッソ・カプチーノメーカー

EC9355J-M
¥168,000（税込）　※編集部調べ

使用する豆に合わせて理想的な抽出温度を設定。グラインダーつきで、これ1台で本格的なエスプレッソやラテアートを楽しめます。エスプレッソ抽出と同時にミルクの泡立てが可能。

【チェックポイント】
①○／ポンプ圧19気圧　②○／専用のスチームボイラーを備え、常に最適な温度でミルクを泡立てられる　③○／コーヒー豆やお湯の温度もカスタマイズ　④○　⑤○／8段階に設定できるコーン式グラインダー

1台でおいしいラテアートに必要な機能をすべて搭載！

グラインダー

グラインダーがついていないタイプのエスプレッソマシンを使う場合は、こちらも用意するのがおすすめです。

挽きたての豆で、クレマのあるラテアート向きエスプレッソに

ソリス スカラプラス コーヒーグラインダー

SK1661
¥12,800

21段階の粒度設定とダブルコーン式挽き刃搭載で、エスプレッソはもちろん、フレンチプレスやドリップコーヒーまで、あらゆるタイプの飲み方に合った挽き加減に調整できます。

ラテアートにチャレンジ！

ここからは実際にラテアートを作るためのエスプレッソの淹れ方から
スチームミルクの作り方、ミルクの注ぎ方について順を追ってご説明します。

エスプレッソを淹れる ※マシンがない場合はP.34参照

エスプレッソマシンを使う場合

ラテアートに向いている豆とは…

豆は深煎りがおすすめ。色がくっきり出て、粘度のある濃厚なラテアート向きのエスプレッソになります。浅煎りだとエスプレッソが水っぽくなりがち。また、豆は挽くと酸化が早まり、鮮度が落ちていくので、豆の状態で常温で保管し、早めに使いきります。エスプレッソ用に挽いた豆を買ってくる場合は、保存袋などに二重に入れ、匂い移りに注意して冷蔵庫で保管しましょう。豆の種類は好みでOK。

エスプレッソを淹れる直前に、グラインダーを使ってエスプレッソ用に極細に挽きます。挽き方はマシンの説明書に従って。使う分ずつ挽くのが理想。

エスプレッソを淹れる手順

1

ポルタフィルターに豆を入れる

エスプレッソマシンに付属のポルタフィルターにグラインダーで挽いた豆を入れる。豆の量はマシンによって違うので説明書に従う。こんもり盛るとならしやすい。

2

表面を指で軽くならす

ポルタフィルターの中に均一にコーヒー粉が行き渡るように指でならし、余分な粉は落とす。表面にひび割れが起きないように注意。

3

タンピングする

付属のタンパーを使って、コーヒー粉を均一の力で押し当ててタンピングする。このときに粉が水平にならないとエスプレッソの仕上がりにムラができるので、水平になるように気をつける。

タンパーは別売りのものもあるが、家庭用のマシンだとサイズが合わないことがあるので、まずは付属のものを使用するのがおすすめ。

4

フラッシングする

ポルタフィルターをセットする前に、エスプレッソの抽出口から湯を数秒出し、前に使ったときに残った粉などをきれいに落とす。

5

セットする

ポルタフィルターをマシンにセットする。しっかりと取り付け、エスプレッソが漏れないようにする。

6

抽出する

下にカップを置いて、抽出ボタンをオンにする。カップはあらかじめ湯などで温めておくとエスプレッソが冷えにくい。

ラテアートがうまくいく！質がいいエスプレッソ

表面にクレマがある

表面にきめ細かで均一な泡（クレマ）があるのが理想。ナッツのようなやや淡い茶色で、ラテアートの表面の茶色い部分を美しく作り上げるのに欠かせません。

全体にトロミがある

油分をたっぷり含んだトロリとした口当たりが、いいエスプレッソの特徴。ドリップで淹れたようなサラッとした仕上がりのコーヒーはミルクと混ざってしまい、ラテアートに向きません。

アロマ（香り）がある

アロマ（香り）がきちんと立っているのが、おいしいエスプレッソ。揮発性なので、淹れたてのときに確認してみて。

クレマができない原因は…

コーヒー豆を挽いてから時間が経ち、豆が酸化してしまっているのかも。可能なら、グラインダーなどで挽いてすぐの豆を使うのが理想です。また、ポルタフィルターに豆を入れるときにムラがあったり、タンピングが水平にできていなかったりすると、均等に湯が通らず、クレマやトロミが出ない原因になります。

エスプレッソマシンがない場合

普通のドリップコーヒーにミルクを注いでも、コーヒーにトロミがないためアートを描くことはできません。マシンがない場合は、抹茶やココア、インスタントコーヒーとチョコシロップなどでトロミのあるドリンクを作って代用しましょう。

※それぞれの分量は商品によっても違いがあるため、目安です。

抹茶

抹茶7g＋湯20㎖。抹茶のラテアートはグリーンが美しく、専門の大会もある。

ココア

ココアパウダー7g＋湯20㎖。湯で溶くとき、好みで砂糖を足しても。

インスタントコーヒー＋チョコシロップ

インスタントコーヒー4g＋湯15㎖＋チョコシロップ5g。チョコシロップでトロミをプラス。

作り方

1
カップに粉を入れ、湯を注ぐ

温めておいたカップに分量の抹茶（またはココアパウダー、インスタントコーヒー）を入れて85℃以上の湯を注ぐ。

2
よく混ぜる

粉気がなくなるまでよく混ぜる。ドレッシングマドラーなどを使うとムラなく混ぜやすい。

3
トロミが出たら完成

スプーンですくったときに少しトロッとする感じになったら完成。泡はカップをトントンするなどしてつぶしておくこと。

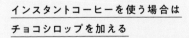

インスタントコーヒーを使う場合はチョコシロップを加える

インスタントコーヒーは単独だとサラッとしがちなので、チョコシロップを加えてカフェモカ風にして使う。その場合、分量のインスタントコーヒーと湯をよく混ぜてから、最後にチョコシロップを加えて混ぜる。

スチームミルクを作る

ミルクは乳脂肪分
3.6％前後のもの

乳脂肪分が低いものはきめ細かな
泡が立ちにくく、スチームミルク
に向きません。乳脂肪分3.6％前
後のものを使用しましょう。

エスプレッソマシンを使う場合

ピッチャーとスチーム
ノズルの位置を確認する

実際にミルクのスチーミングを始める前に、体とピッ
チャー、スチームノズルの位置を確認しましょう。ノ
ズルが自分の体の正面にまっすぐにくるように、ノズ
ルの位置と立つ位置を調整。また、ノズルはピッチャ
ーの中心ではなく、側面に近い位置にくるようにし、
ミルクの液面に対して30度ほど傾けます。スチーミ
ングするときは、この位置からピッチャーを1㎝程度
上下に動かすだけの動きになります。

OK

スチームのノズルの位
置は、ピッチャーの側
面に近い位置に。こう
することで、ミルクが
ピッチャーの中を回転
するように流れ、全体
にきめ細かな泡を行き
渡らせることができる。

ピッチャーの中のミルクの流れ

NG

スチームのノズルの位
置をピッチャーの中心
にすると、ミルクが下
から上に動くだけで対
流が起こらない。その
結果、泡が全体に行き
渡らず、ムラのあるミ
ルクになってしまう。

ピッチャーの中のミルクの流れ

スチームミルクを作る手順

1

ミルクを注ぐ

ピッチャーに180〜200㎖のミルクを注ぐ（6〜8オンスのカップの場合）。実際に使う量より少し多めにしておくと、ラテアートを作るときに失敗しにくい。

2

スチームを空ぶかしする

スチームを空ぶかしし、中にたまった水などを排出。熱い湯が出るので火傷に注意。ノズルが受け皿の上にくるようにするか、フキンなどで包んでスチームが広がらないようにし、最後にふき取る。

3

ミルクスチームを始める

ノズルを左ページで確認した位置に戻し、ノズルの先約1㎝をピッチャーのミルクに差し込み、スチームをオンにする。

ノズルの先約1㎝を
ミルクに入れる

4
ミルクを泡立てる

ミルクの液面がくるくると回り出したら、ノズルの先だけがミルク液面につくようにピッチャーを下げ、細かく空気を取り込む。チリチリという音が立つのが理想。ノズルが液面から離れると泡が大きくなりすぎたり、ミルクが飛び散ったりするので注意する。

ノズルの先を
液面ギリギリに

5
全体を攪拌する

ミルクが泡立ってかさが1〜1.5㎝ほど増えたら、ノズルが再び1㎝くらいミルクに入るようにピッチャーを上げ、全体を攪拌する。立てた泡をつぶしてきめ細かくするようなイメージで、ミルクの温度を55〜65℃まで上げる。

再び1㎝
入れて攪拌

トントン

6
表面の泡をなじませる

ピッチャーを大きく回してミルクの状態を確認。大きな泡が残っていたら、ミルクが跳ねないようにピッチャーの上を手で覆いながら、テーブルでピッチャーの底を軽くたたくようにして泡をなじませる。

スチームミルクを作るときの理想的な時間配分

スチームミルクを作るのにかかる時間は、業務用マシンなら15〜30秒、家庭用マシンなら約50秒が目安。P.37〜38の3〜5の手順の時間配分を、表にすると以下の通りです。時間をかけすぎると温度が上がりすぎたり、ミルクのたんぱく質がかたまってかたくなったりして、ラテアートに向かないミルクに。

家庭用マシンの場合

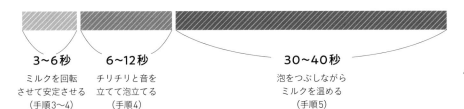

3〜6秒
ミルクを回転
させて安定させる
（手順3〜4）

6〜12秒
チリチリと音を
立てて泡立てる
（手順4）

30〜40秒
泡をつぶしながら
ミルクを温める
（手順5）

○ OK

シルキーな泡が行き渡ったミルク

温度は55〜65℃。かさが少し増え、きめ細かくてシルキーな泡が全体に行き渡ったミルクが理想。実際にラテアートを作るときは、この状態になったら時間をおかず、すぐに注ぎ始める。時間が経つと分離したり、かたまったりして失敗の原因に。

＼ 泡立ちがない ／

× NG

泡が立たず、かさも増えていないと、ホットミルクの状態に。注いだときにすぐにエスプレッソと混ざってしまいカフェオレのように。

＼ 泡立ちすぎ ／

× NG

泡立ちすぎ、かさが増えすぎていると、カップに注いでも浮いてきたり流れができず、アートを描きにくい。

ミルクフォーマーを使う場合

スチームミルクは、電子レンジと電動ミルクフォーマーを使っても作れます。家庭用エスプレッソマシンは、安価なものだとエスプレッソとスチームミルクを同時に作れないことも。そんなときは、マシンでエスプレッソを抽出している間に、ミルクフォーマーやフレンチプレス (P.42参照) を使ってスチームミルクを作る方法もおすすめです。

1

電子レンジでミルクを温める

耐熱のカップにミルクを200㎖入れ、ふんわりラップをして電子レンジ (600W) で約1分20秒加熱し、約60℃に温める。

液面近くで
泡立て

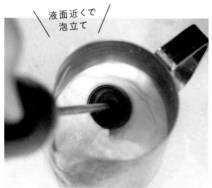

2

ミルクフォーマーで泡立てる

1のミルクをピッチャーに移す。ピッチャーはテーブルに置き、ミルクフォーマーを液面につけてスイッチをオンにし、泡立てる。ミルクフォーマーを入れる位置は、マシンのスチーマーを使う場合と同様、ピッチャーの中心より少し外側にし、液面に対して約30度傾ける。

きめ細かな
泡に

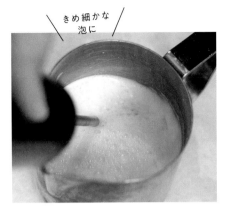

3

全体を攪拌する

ミルクのかさが1〜1.5cmほど上がった
ら、ミルクフォーマーの先をミルクの中
に1〜2cm入れる。立てた泡をつぶして
きめ細かくするようなイメージで、全体
を攪拌する。

NG

2で泡立てすぎるのはNG。1.5cm
ぐらいまでかさが上がったらミル
クフォーマーの位置を下げる。ま
た、ミルクフォーマーで攪拌する
ときは手の位置を固定し、ぐるぐ
るかき回さないように。

エスプレッソマシンの
スチーマーを使うときと同様、
泡立てたあとしっかり攪拌して
滑らかな泡を作りましょう

フレンチプレスを使う場合

フレンチプレスは本来コーヒーを淹れるための道具ですが、フィルター部分に目の細かいネットがついていて上下に動かせるため、ミルクに適度に空気を含ませることができ、細かい泡を立てるのにも向いています。ミルクフォーマーと同様、電子レンジでミルクを温めてから泡立てます。

1

電子レンジでミルクを温める

耐熱のカップにミルクを200㎖入れ、ふんわりラップをして電子レンジ（600W）で約1分20秒加熱し、約60℃に温める。

泡立ては
10回以下に

2

ミルクの液面近くで泡立てる

1のミルクをフレンチプレスに移す。フィルターが液面ギリギリのところにくるようにし、8回くらい1〜2cmほど上下させて泡立てる。泡立てすぎないよう、この動作は多くても10回までに。

真ん中から下に
70〜80回!

3

半分から下で攪拌する

フィルターをミルクの高さの半分くらいのところまで下げ、そこを上限に、下に向かって上下させて攪拌し、全体にきめ細かな泡を行き渡らせる。この動作は70〜80回ほど行う。

4

ピッチャーに移す

全体にきめ細かな泡が行き渡ったら完成。ピッチャーに移す。

NG

2の工程で上の方で11回以上泡立てると、泡立ちすぎてしまうので注意。

ミルクを注ぐ

ピッチャーとカップの持ち方

実際にミルクを注ぎ始める前に、ピッチャーとカップの持ち方と
位置関係について確認しておきましょう。
正しい位置でミルクを注げば、絵柄のゆがみなどを防げます。

肩の力を抜いて
リラックス！

①
利き手にピッチャー、
反対の手にカップを持つ

②
肩の力を抜き、
体の近くで持って安定させる

③
右利きの場合、カップの持ち
手は手前にくるように

※カップの持ち手の位置を逆にすると、
完成した絵柄が逆さまになるので注意
しましょう。
作り手、出す相手の利き手が同じ場合、
part2「基本のラテアート」とpart4「応
用アート」、part5「ローズ＆リーフ」
はすべてカップの持ち手を自分側に向
けてスタートします。

カップ

基本の位置

床と平行になるようにし、手のひらで下から支えるようにすると安定する。

傾けるとき

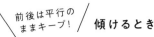

カップは前後には傾けず平行を保ち、ピッチャー側（右利きの場合、右）に約45度傾ける。

✕ NG

カップを持つときに、飲み口に手を当ててしまうと不衛生なので気をつけて。

✕ NG

カップが前後に傾くとアートの形がゆがむ原因になるので、手首の動きにも注意。

ピッチャー

安定して注ぎやすく、左右にふりやすい持ち方にする。初心者の場合、持ち手を握るように持つのがおすすめ。

カップとの
位置関係にも注意！

左右対称に描くために、ピッチャーの先がカップ径のセンターにくるようにする。

✕ NG

ピッチャーの位置がセンターからずれてしまうと、絵柄がゆがむ原因に。

ミルクを注ぐときのポイント

かさ上げをするとき、細い線を引くときは 高い位置から注ぐ

注ぎ始めのときは、表面に白いミルクが浮かばないように、
うまくエスプレッソと混ざるように注ぎます。

かさ上げ

ミルクを高いところから注ぐと、勢いがついて垂直に入り、クレマ（液面に浮かぶキメ細かい泡）の下でエスプレッソと混ざってミルクは浮かない。ピッチャーを回しながら注ぎ、ミルクとエスプレッソがうまく混ざるようにしてかさ上げする。ここが絵を描くためのキャンバスになるので、カップの6割くらいまでかさ上げを。

ただの丸がハートや
チューリップに！

繊細な線を引く

白く浮いたミルクのドット（丸）の中心に線を引いてハートやチューリップなどの形にするときも、ピッチャーを液面から離してミルクを注ぐ。すると、ミルクが底に沈んで濃いエスプレッソ色のベースが表面に浮き、茶色い線のように見える。

最初のドットを浮かび上がらせるには
ピッチャーを液面に近づけて

かさ上げしてキャンバスができたら、ピッチャーを下げて液面に近づけて注ぎましょう。するとフォームドミルクが液面に浮かび、ドットになります。

ピッチャーがカップに
当たってもOK

ピッチャーがカップの縁に
つくくらい液面に近づけ、
ミルクを勢いよく表面に注
いでいき、白い柄を浮き上
がらせる。

細かなレイヤーを作るときも、ピッチャーの先を液面にできるだけ近づけて左右に均等にふり、柄を浮き上がらせる。

勢いを失わないように ミルクを注ぐ

絵柄を描き終わるまで、一定の勢いでミルクを注ぎ続け、ミルクの流れを起こすことも大切なポイントです。勢いがたりないとミルクがうまく流れず、白い絵柄が表面に広がっていきません。

ドットが広がる！

一定の勢いでミルクを注ぐことで、表面に絵柄が広がる。単純な絵柄から複雑な絵柄まで、この基本は同じ。ピッチャーの中のミルクの量が少なくなってくると、勢いが失われがちなので注意。

NG

ミルクがチョロチョロとしか流れていないと、ミルクが液面を流れていかず、大きなドット（丸）や複雑な絵柄を描けない。

ピッチャーとカップの傾け方を調整する

ミルクの量が増えてきたら、量に合わせてカップの傾きを平行に戻していきましょう。カップにだけ集中しすぎてピッチャーの動きが止まると絵柄が崩れるので注意。

かさ上げ～描き始め

ピッチャーの先と液面を近づけやすいよう、カップをピッチャー側に傾けてスタート。

描き中～描き終わり

テーブルと
並行に戻す

カップの中のミルクの量に合わせてカップの傾きを戻していき、最後は床と平行に。白い絵柄を描いている間はピッチャーの先と液面の距離は変わらない。

きれいなラテアートは
飲んでも絵柄が崩れない！

エスプレッソやミルクの質がよいカフェラテに描いたアートは、飲んでも崩れにくい。

基本を押さえたら、
さまざまなラテアートに挑戦！

本書で紹介しているラテアートの一部をご紹介します。エスプレッソだけでなく、抹茶、ココア、インスタントコーヒーでも作れます。

エスプレッソで作った基本のラテアート
「ハート」
→作り方はP.54

ピッチャーをふるコツがつかめたら
きれいに描ける
「リーフ」
→作り方はP.96

ハートを重ねて作る
「チューリップ」
→作り方は P.60

ハートやドットの
組み合わせで
「ローズ」
→**作り方は P.106**

首と顔をうまく
仕上げると美しい
「スワン」
→**作り方は P.100**

水で練習してスキルアップ!

カップの傾け方、ピッチャーのふり方はくり返し練習することで身につきます。
とはいえ、毎回エスプレッソとミルクを使うとたくさんの量が必要になるので
基本の技術をマスターするまでは水で練習するのがおすすめです。
ラテアートをイメージしながら行ってみましょう。

かさ上げから絵柄を描くところまでをイメージして、一定の勢いで注ぐ練習を。水なら緊張せずに注ぐ様子を落ち着いて観察でき、自分の苦手なところや練習するポイントも見つけやすい。

ピッチャーの
ふり幅も確認

応用アートのレイヤーを上手に作るためには、左右均等にピッチャーをゆらしながら注ぐ練習を。

part

2

基本のフリーポアを
マスターしよう

フリーポアの基本を身につけるのに適した
「ハート」と「チューリップ」の作り方をご紹介。
初めてラテアートに挑戦するなら、まずはここからスタート。
この2つをきれいに描けるよう練習するのが、上達への近道です。

basic 01
ハート

「かさ上げ」「ドットを浮き上がらせる」「ドットを切るように線を引く」という
技術で作れる基本のモチーフです。ピッチャーをふらずに作ることができます。
このアートで、安定した量のミルクを注ぐ練習を。

定番人気の
モチーフからスタート！

動画も
チェック！

QRコードでアクセスすると、かさ上げからドットを
浮き上がらせるタイミングが流れでわかります。

かさ上げする

1

エスプレッソを入れたカップを床と平行に持ち、ミルクピッチャー側に約45度傾ける。

↓

2

ピッチャーを液面から離し、エスプレッソの中心にピッチャーを回しながらミルクを注ぐ。ミルクが浮いてこないように、カップの底に落とすようなイメージで注ぎ入れる。

かさ上げするときは、
高めの位置から素早く、
一定の勢いを保ちながら
丁寧にミルクを注いでみて

3

ピッチャーを
回しながら!

ミルクを注ぐ勢いが失われないように注意し、ピッチャーを回しながらさらにミルクを注ぐ。

4

ミルクを止める!

カップの6割くらいまで液面が上がったら、ピッチャーを上げてミルクを注ぐのを一瞬止める。

ミルクの流れは…

ピッチャーを液面から少し離して注ぐことで、ミルクはカップの底に落ち、表面にはエスプレッソのクレマが浮き上がっている状態になる。ピッチャーの位置が液面に近いと、ミルクは下に落ちずに表面に浮いてきてしまう。

ミルクを白く浮き上がらせる

5

ピッチャーの先を液面に近づけて勢いよくミルクを注ぎ、カップの中心と手前の縁（ピッチャー側）の真ん中ぐらいにミルクの白いドット（丸）を浮き上がらせる。

↓

6

カップの傾きを
戻しながら！

そのままミルクを注ぎ続け、白いドットを大きくする。注がれたミルクの量に合わせ、カップの傾きは少しずつ戻していく。

ドットが
うまくできないときは…

高い位置から注ぐとミルクは勢いよくカップの底に沈んでしまう。ピッチャーを液面に近づけて低い位置から注ぐことで、ミルクが表面にドットとして浮き上がる。また、ミルクを注ぐ勢いが弱いと、ドットが広がらず、小さくなってしまう原因に。

OK   NG

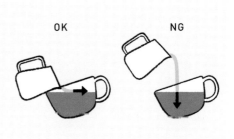

線を引く

7

ピッチャーの先を液面から離し、ドットの中心の手前から反対側に向かって切るようにミルクを注ぐ。こうすることでミルクが底に沈み、線を引くことができ、ハートのくぼみができる。

↓

8

コップの反対側の端くらいまで思い切って線を描くように注ぎ、ピッチャーを上げてミルクを止める。

ハートの形がゆがむときは…

ハートの形が左右非対称にゆがんでしまう場合は、カップを持つ手の位置が前後に傾いているのかも。ミルクを注ぎながら内側に傾けた手を元の位置に戻すときも、手のひらの前後は床と平行を保つように意識してみて。

OK

NG

これで完成！

ハートが上手にできるようになったら、より難しいアートにも挑戦。なかなかうまくいかない場合は、注ぎ方だけでなく、ミルクの泡立てや温度などに問題があることも多いので、P.36〜をおさらいしてみましょう。

point

ミルクを注ぐときに初心者が失敗しやすいのは、勢いが安定しないこと。慎重になりすぎてミルクがチョロチョロとしか注げていないと、ドットが出なかったり、表面がにじんだりする原因に。

basic 02
チューリップ

3つのドットを作り、中心に線を入れることで、ハートを3つ重ねたような
チューリップのモチーフに。1つめと2つめのドットを
カップの中心あたりで作ると、1つめのドットが外側に流れて葉の形になります。

ハートを重ねたような
キュートな形が人気!

動画も
チェック!

1つめのドットが広がっていく様子や、2つめ、3つめ
のドットを入れていくタイミングを流れで確認できます。

かさ上げする

1

エスプレッソを入れたカップを床と平行に持ち、ミルクピッチャー側に約45度傾ける。ピッチャーを液面から離し、エスプレッソの中心にピッチャーを回しながらミルクを注ぐ。

2

ピッチャーを上げて
一瞬止める

カップの6割くらいまでかさ上げできたら、ピッチャーを上げてミルクを注ぐのを一瞬止める。

かさ上げをしたあと
一瞬動きを止めることを
対流止めといいます。対流止めを
している間に、次にミルクを注ぐ
位置を確認しましょう

1つめのドットを作る

約3秒で1つめの
ドットを作る!

3

ピッチャーの先を液面に近づけて勢いよくミルクを注ぎ、カップの中心より少し手前（ピッチャー側）にミルクの白いドットを浮き上がらせる。そのまま約3秒ピッチャーを少し前に進めるようにしてドットを広げる。注がれたミルクの量に合わせ、カップの傾きは少しずつ戻していく。

↓

4

ピッチャーを上げてミルクを注ぐのを一瞬止める。

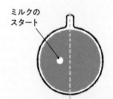

**真ん中の少し手前から
注ぎ始める**

ピッチャー側から見たとき、カップの中心よりほんの少し手前くらいからミルクを注ぎ始める。

**前に進むイメージで
3秒注ぐ**

ピッチャーを前に進めるイメージでミルクを注ぎ続け、ドットを広げる。

ピッチャーを上げる

ピッチャーを上げてミルクを止めると、三日月のような形になる。2つめのドットも、1つめとほぼ同じ位置からミルクを注ぎ始める。

ミルクの
スタート

２つめのドットを作る

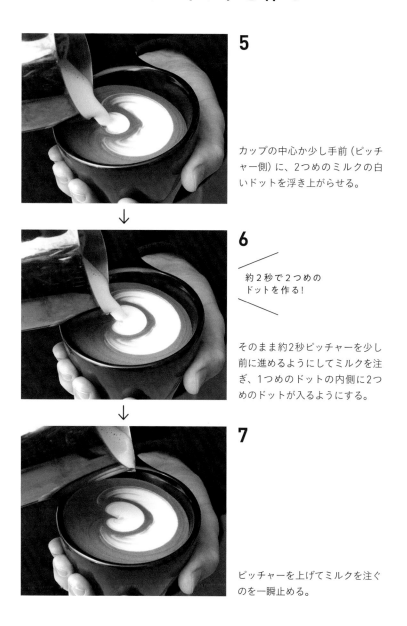

5

カップの中心か少し手前（ピッチャー側）に、２つめのミルクの白いドットを浮き上がらせる。

↓

6

約２秒で２つめのドットを作る！

そのまま約２秒ピッチャーを少し前に進めるようにしてミルクを注ぎ、１つめのドットの内側に２つめのドットが入るようにする。

↓

7

ピッチャーを上げてミルクを注ぐのを一瞬止める。

3つめのドットを作って線を引く

8

3つめのドットも
約2秒で！

2つめのドットより少し手前（ピッチャー側）に、3つめのミルクの白いドットを浮き上がらせる。

↓

9

ピッチャーを
液面から離す

ピッチャーの先を液面から離し、ドットの中心の手前から反対側に向かって切るようにミルクを注ぐ。

↓

10

カップの反対側の端くらいまで思い切って線を描くように注ぎ、ピッチャーを上げてミルクを止める。

part

3

だれにでもできる
エッチング

一部フリーポアの技術を必要とするものもありますが、お絵描き
感覚でできるのがエッチングアートの魅力。フリーポアで
崩れてしまったアートもエッチングで別のアートにすることができます。

エッチングの魅力

練習を重ねて技術を磨くフリーポアと比べて、エッチングは初心者でも
描きやすいのが魅力。フリーポアで大きなドットを作り、そこにピックな
どで絵を描きます。フリーポアで形が崩れてしまったハートを
エッチングでかわいく蘇らせることもできます。

ピックがなければ
竹串や爪楊枝でもOK

基本的にはフリーポアで1つか
2つドットを作り、そこに絵柄
を加えていく。エスプレッソを
絵の具代わりにして線を描くと
可愛いアートに。

エスプレッソとスチームミルク

エスプレッソとスチームミルクは、どちらもフリーポアで使うものと同じ（P.30〜参照）。もちろん、エスプレッソの代わりに抹茶やココア、インスタントコーヒー＋チョコシロップなどを使っても同様に作れる。

ピック（または竹串など）

絵柄を描くのに使用。ラテアート専用のステンレス製のものもネットなどで購入できる。竹串や爪楊枝など、家にあるもので代用も可。

スプーン

ピッチャーに残ったミルクの泡をすくってのせるのに使用。家にあるティースプーンなどでOK。すくう部分は小さめ、柄は長めだと使いやすい。

チョコシロップ

チョコシロップで絵柄を描くときに使う。本書ではP.68の「チョコレートハート」で使用。先の細い調味料入れに移し替えると使いやすい。

> フリーポアが上手にできなくても絵柄でカバーできるので、気軽に楽しんで！

この章で紹介するエッチングアートは…

(1) チョコレートハート (P.68)
　→ フリーポアの技術がなくてOK！

(2) メッセージ (P.70)

(3) ハッピーキャット (P.72)
　→ フリーポアで大きなドットを1つ作ってスタート

(4) 月と太陽 (P.74)

(5) テディベア (P.78)

(6) ベアボーイ (P.80)

(7) スノーマン (P.82)
　→ フリーポアでドットを2つ作ってスタート

01
チョコレートハート

エッチングの中でも、チョコシロップを使った
アートなら、かさ上げやドットを作る技術も
不要なので、初心者におすすめ！ スチームミルクの
上にチョコシロップで波を描き、ピックで線を
引くだけで、シックなハートのアートが完成します。

ミルクとエスプレッソを交互に注ぐ

1

最初に
ミルクを注ぐ！

スチームミルクをカップの6割くら
いまで注ぐ。

↓

2

エスプレッソを勢いよく注ぐ。

↓

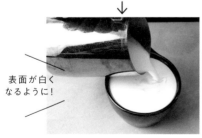

表面が白く
なるように！

3

ピッチャーをカップに近づけて再
びスチームミルクを注ぎ、表面に
ミルクだけが浮くようにする。エ
スプレッソの色が残る場合は、ス
プーンなどでミルクの部分を広げ、
表面が白くなるようにする。

チョコレートシロップで波を描く

4

白いミルクの上に、チョコレートシロップで大きな円形の波を描く。溝が深めの波模様にすると、きれいに仕上がる。

5

中心に小さな楕円の丸を描く。

ピックで線を引いてハートにする

ハートのラインに！

6

波模様の中心に沿ってピックで丸く線を引いていき、ハートのラインを描く。

7

ピックについたチョコレートをキッチンペーパーなどでふき取り、真ん中の楕円の中心にもピックで線を引き、ハートの形にする。

02 メッセージ

フリーポアで1つだけ白い大きなドットを作り、
"Thank you"や"Happy birthday"など、
思い思いのメッセージを！ ラテの表面の
茶色い部分をピックにつけてインクの代わりにし、
文字の配置をイメージしながら書くとうまくいきます。

大きなドットを作る

1

エスプレッソを入れたカップの持ち手を自分
と反対側に向けて持ち、ピッチャー側に約45
度傾ける。高めの位置からピッチャーを回し
ながらミルクを注いでかさ上げする。カップ
の6割くらいまで液面が上がったら、ピッチ
ャーを上げてミルクを注ぐのを一瞬止める。

2

ピッチャーの先を液面に近づけて勢いよくミ
ルクを注ぎ、カップの中心と手前の縁（ピッ
チャー側）の真ん中ぐらいにミルクの白いド
ットを浮き上がらせる。

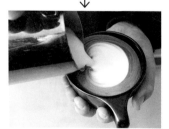

3

傾けたカップを
戻しながら！

カップの傾きを戻しながら、液面にミルクを
注ぎ続けて大きなドットを1つ作り、ピッチ
ャーを上げてミルクを止める。

ピックでメッセージを書く

4

ピックの先を、ラテのエスプレッソ
の茶色い部分に少しずつつけながら、
「Thank you」などの文字を書く。

エスプレッソを
つけたピックで

5

文字のバランスを見ながら、最後に
ハートなどの飾りを描く。

point

ラテのエスプレッソの部分にピックの先
を何度もつけ直しながら、文字や絵柄を
描く。その都度、ピックの先をキッチン
ペーパーなどでふきながら作業するのが
きれいに仕上げるコツ。

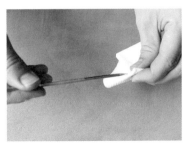

03
ハッピーキャット

白い大きなドットを、ハッピースマイルの猫の顔に。
耳はピッチャーに残ったミルクの泡をスプーンでのせ、
最後にピックで先をとがらせると、猫らしさがアップ！
耳の形や顔をアレンジすることで
犬やタヌキなど、色々な動物の顔が描けます。

大きなドットを作る

1

エスプレッソを入れたカップの持ち手を自分と反対側に向けて持ち、ピッチャー側に約45度傾ける。高めの位置からピッチャーを回しながらミルクを注いでかさ上げする。カップの6割くらいまで液面が上がったら、ピッチャーを上げてミルクを注ぐのを一瞬止める。

↓

2

ピッチャーの先を液面に近づけて勢いよくミルクを注ぎ、カップの中心と手前の縁（ピッチャー側）の真ん中ぐらいにミルクの白いドットを浮き上がらせる。

↓

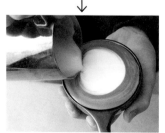

3

ドットが
猫の顔の輪郭に！

カップの傾きを戻しながら、液面にミルクを注ぎ続けて大きなドットを1つ作り、ピッチャーを上げてミルクを止める。

耳の部分のミルクをのせる

4

ドットの描き終わりの部分が手前になるようにカップを回し、ピッチャーに残ったミルクの泡をスプーンの背につけて耳にしたい場所2か所にのせる。

顔を描く

5

ピックの先を、ラテのエスプレッソの茶色い部分に少しずつつけながら、猫の顔を描く。

ヒゲも描いて!

耳の形を整える

6

ピックの先をキッチンペーパでふき、耳の部分のミルクの泡の縁をなぞって先をとがらせるようにし、形を整える。

04

月と太陽

ミルクのドットを2つ並べて作れるようになると、
エッチングの楽しさがさらに広がります。
こちらは1つめの三日月形のドットを月に、
2つめのドットを太陽に見立てた絵柄。
まわりにミルクの泡をのせて星を散らすとアクセントに。

大きなドットを作る

\ 持ち手は /
ピッチャー側に

1

エスプレッソを入れたカップの持ち手をピッチャーに向けて持ち、ピッチャー側に約45度傾ける。高めの位置からピッチャーを回しながらミルクを注いでかさ上げする。カップの6割くらいまで液面が上がったら、ピッチャーを上げてミルクを注ぐのを一瞬止める。

2

ピッチャーの先を液面に近づけて勢いよくミルクを注ぎ、カップの中心より少し手前（ピッチャー側）にミルクの白いドットを浮き上がらせる。そのまま約3秒ピッチャーを少し前に進めるようにしてドットを広げ、ピッチャーを上げてミルクを一瞬止める。

カップの傾きを
戻しながら

2つめのドットを作る

3

カップの中心より少し手前をめがけて再びミルクを注ぎ、2つめのミルクの白いドットを浮き上がらせる。そのまま約3秒ミルクを注いでドットを広げ、ピッチャーを上げてミルクを止める。

月に鼻をつける

4

1つめのドットを月にする。真ん中のくぼんでいるところにピックを浅く刺し、2つめのドットに向かって軽く線を引くようにすると、白いミルクの部分がわずかに突き出し、月の鼻のように見える。

月に顔を描く

5

ピックの先を、ラテのエスプレッソの茶色い部分に少しずつつけながら、月に目と口を描く。

太陽の炎を描く

6

ピックで2つめのドットの縁とエスプレッソの茶色い部分の間を行き来しながらぐるぐると螺旋を描くようにして1周し、太陽の炎のような部分を描く。

ぐるぐる

太陽の顔を描く

7

ピックの先を、ラテのエスプレッソの茶色い部分に少しずつつけながら、太陽に目と口を描く。

周囲を飾る

8

ピッチャーに残ったミルクの泡をスプーンの背につけ、月と太陽の絵柄の周りの茶色い部分にのせて白い丸をつけていく。

↓

9

8でつけたミルクの白い丸の縁をピックで外側に向かって数か所線を引くようにし、星に見立てる。数個おきに3〜4個の白い丸を同様にする。

この「月と太陽」のように
ドット2つをベースにすると、
さまざまな絵柄に
アレンジできます!

05
テディベア

1つめのドットは大きめに作り、そこに
2つめのドットを食い込ませるように作れば、
クマの顔のベースに。ミルクの泡で丸い耳と前足を
つけることで、より立体的な絵柄になります。

ドットを 2 つ作る

1

エスプレッソを入れたカップの持ち手を自分と反対側に向けて持ち、P.72の**1〜2**と同様にして1つめのドットを浮き上がらせる。そのまま約3秒ピッチャーを少し手前に進めるようにしてドットを広げ、ピッチャーを上げてミルクを一瞬止める。

↓

2

ドット2つが
クマの顔に

1つめのドットの少し手前に、2つめのミルクの白いドットを浮き上がらせる。そのまま約2秒ピッチャーを少し前に進めるようにしてミルクを注ぎ、1つめのドットの内側に2つめのドットを食い込ませる。

耳と前足を作る

3

2つめのドットが自分側にくるようにカップの向きを変える。ピッチャーに残ったミルクの泡をスプーンの背につけ、耳にする場所2か所と前足にする場所2か所にのせる。

↓

4

肉球も!

ラテのエスプレッソの茶色い部分にピックの先を少しずつつけながら、耳と前足の肉球の模様を描く。

顔を描く

5

1つめのドットの中に目を2つ、2つめのドットは鼻先に見立てて中に鼻と口を描く。

06
ベアボーイ

2つのドットで、クマのかぶり物をかぶった
男の子を表現。P.78の「テディベア」より
2つめのドットを1秒長くかけて大きめに作ると
バランスよく仕上がります。エッチングで描く
手数が多めですが、意外に描きやすい絵柄です。

ドットを2つ作る

1

エスプレッソを入れたカップの持ち
手を自分と反対側に向けて持ち、
P.78の**1**と同様にして1つめのドッ
トを作る。

↓

2つめのドットを
やや大きめに！

2

1つめのドットの少し手前に、2つ
めのミルクの白いドットを浮き上が
らせる。そのまま約3秒ピッチャー
を少し前に進めるようにしてミルク
を注ぎ、1つめのドットの内側に2
つめのドットを食い込ませる。

耳を作る

3

2つめのドットが自分側にくるように力ップの向きを変える。ピッチャーに残ったミルクの泡をスプーンの背につけ、耳にする場所2か所にのせる。

クマと男の子を描く

1つめのドットが
クマのかぶり物に

4

ラテのエスプレッソの茶色い部分にピックの先を少しずつつけ、1つめのドットの中にクマの顔を描く。

↓

5

同様にして2つめのドットの中に男の子の顔を描く。

2つめのドットが
男の子の顔に

07
スノーマン

1つめのドットで雪だるまの体、2つめのドットで
頭を表現。ドットの形が多少ゆがんだり、大きさが
思い通りにならなくても、それはそれでかわいい
雪だるまに。仕上げにミルクの泡をのせて
雪に見立てれば、華やかな印象になります。

ドットを2つ作る

1

カップの持ち手は
自分の方に

エスプレッソを入れたカップの持ち手
を自分の方に向けて持ち、P.74の**1**〜
2と同様にして1つめのドットを作る。

↓

2

1つめのドットから少し離れた位置に
ミルクを注ぎ、2つめのミルクの白い
ドットを浮き上がらせる。そのまま約
2秒ミルクを注いでドットを広げ、ピ
ッチャーを上げてミルクを止める。

帽子を作る

3

1つめのドットが自分側にくるようにカップの向きを変える。ピッチャーに残ったミルクの泡をスプーンの背につけ、小さいドットの上に細長くのせて帽子にする。

↓

4

ラテのエスプレッソの茶色い部分にピックの先を少しずつつけながら、帽子と頭の境目のところに線を引く。

顔を描く

5

笑顔の
スノーマンに！

同様にしてスノーマンの顔を描く。

体を描く

6

同様にしてスノーマンの体の3つの
ボタンと枝の形の手を描く。

雪を描く

7

ピッチャーに残ったミルクの泡をピック
クの先につけ、スノーマンの絵柄
の周りの茶色い部分にのせて小さな
白い丸をたくさんつけていき、雪に
する。

エッチングはお絵描き感覚で
楽しめるので、慣れてきたら
自分でどんどんアレンジを!

part

4

応用フリーポアで
もっと楽しむ

---

part2の基本のフリーポアができるようになったら、
応用フリーポアに挑戦してみましょう。
この章では5つのアートをご紹介しています。
これで一通りのフリーポアの技術が身につきます。

Advanced 01
レイヤーハート

ピッチャーを左右にふりながら波模様を描き、最後に中心に線を引くことで、
年輪のようなレイヤーの入ったハートに。
最初はふる回数が少なめでもよいので、左右均等にふるときれいに仕上がります。

細かく入ったレイヤーが
大人っぽい印象！

かさ上げして左右にふる

1

エスプレッソを入れたカップを床と平行に持ち、ミルクピッチャー側に約45度傾ける。ピッチャーを液面から離し、エスプレッソの中心にピッチャーを回しながらミルクを注ぐ。

↓

2

いったん止めて

カップの6割ぐらいまでかさ上げできたら、ピッチャーを上げてミルクを注ぐのを一瞬止める。

↓

3

ピッチャーの先を液面に近づけて勢いよくミルクを注ぎ、カップの中心と手前の縁（ピッチャー側）の真ん中ぐらいにミルクの白いドットを浮き上がらせる。そのままピッチャーを左右にふり、ミルクが波模様を描くようにする。

さらに左右にふる

4

さらに左右にふり、ミルクの波模様を描いていく。注がれたミルクの量に合わせ、カップの傾きは少しずつ戻していく。

↓

5

ミルクを注ぐ勢いを一定に保ちながら、さらに左右にふる。最初はふる回数が少なめでもいいので、ミルクの勢いと左右のふりを一定に保つことを意識すると、きれいなレイヤーに仕上がる。

左右均等に！

線を引く

6

ピッチャーの先を液面から離し、ドットの中心の手前から反対側に向かって切るようにミルクを注ぐ。

↓

7

ハートの形に！

カップの反対側の端くらいまで思い切って線を描くように注ぎ、ピッチャーを上げてミルクを止める。

落ち着いて、左右均等に
ピッチャーをふりましょう。
P.52のように、水で練習しても！

Advanced 02
ウイングチューリップ

「チューリップ」（P.60）を進化させ、レイヤーのウイングをつけた形。
ピッチャーを左右に均等にふってレイヤーを作ったらピッチャーを上げ、
さらにドットを2つ浮かべる工程を、1つ1つ正確に行うことが大切です。

レイヤーの
ウイングが華やか！

かさ上げして左右にふる

1

エスプレッソを入れたカップを床と平行に持ち、ミルクピッチャー側に約45度傾ける。ピッチャーを液面から離し、エスプレッソの中心にピッチャーを回しながらミルクを注ぐ。

↓

2

カップの約6割まで
かさ上げ！

カップの6割くらいまでかさ上げできたら、ピッチャーを上げてミルクを注ぐのを一瞬止める。

↓

3

ピッチャーの先を液面に近づけて勢いよくミルクを注ぎ、カップの中心より少し手前（ピッチャー側）にミルクの白いドットを浮き上がらせる。そのままピッチャーを左右にふり、ミルクが波模様を描くようにする。

レイヤーを描く

4

ミルクを注ぐ量を一定に保ちながらピッチャーを前に進めるようにしてさらに左右にふり、ミルクの波模様を描いていく。注がれたミルクの量に合わせ、カップの傾きは少しずつ戻していく。

前に進めながら

↓

5

ピッチャーを上げてミルクを注ぐのを一瞬止める。

ドットを描く

6

カップの中心より少し手前に、ミルクの白いドットを浮き上がらせる。

7

約2秒数えて
ドットを作る！

そのまま約2秒ピッチャーを少し前に進めるようにしてミルクを注ぎ、レイヤーの内側にドットが食い込むようにする。

8

ピッチャーを上げてミルクを注ぐのを一瞬止める。

もう1つドットを描く

9

前のドットより手前（ピッチャー側）に、もう1つミルクの白いドットを浮き上がらせる。

↓

10

そのまま2秒ほどミルクを注ぐ。

もう1つのドットも
約2秒で！

線を引く

11

ピッチャーを
液面から離す

ピッチャーの先を液面から離し、ドットの中心の手前から反対側に向かって切るようにミルクを注ぐ。

↓

12

カップの反対側の端くらいまで思い切って線を描くように注ぎ、ピッチャーを上げてミルクを止める。

point

ウイングチューリップのウイングを左右シンメトリーに描けるように練習しましょう。これがうまくできるようになれば、さらに手数の多い難しいラテアートも、くっきりときれいに仕上がるように。

Advanced 03
リーフ

レイヤーをきれいに作れるようになったら、今度はピッチャーを
前だけでなく後ろにも進めて作るモチーフに挑戦です。
ミルクを前へ、後ろへと進めながらレイヤーを作っていき、
最後に中心に線を引くことで、繊細な模様を描きます。

高度なレイヤーの
ワザに挑戦！

かさ上げして左右にふる

1

エスプレッソを入れたカップを床と平行に持ち、ミルクピッチャー側に約45度傾ける。ピッチャーを液面から離し、エスプレッソの中心にピッチャーを回しながらミルクを注ぐ。

↓

2

かさ上げしたら
いったん止める

カップの6割くらいまでかさ上げできたら、ピッチャーを上げてミルクを注ぐのを一瞬止める。

↓

3

ピッチャーの先を液面に近づけて勢いよくミルクを注ぎ、カップの中心より少し手前（ピッチャー側）にミルクの白いドットを浮き上がらせる。そのままピッチャーを左右にふり、ミルクが波模様を描くようにする。

左右にふりながら前進 → 後進する

4

ふりながら前に進む

ミルクを注ぐ量を一定に保ちながら
前に進むようにして3秒くらい左右
にふり、ミルクの波模様を描いてい
く。注がれたミルクの量に合わせ、
カップの傾きは少しずつ戻していく。

↓

5

同様にして、左右にふりながら3秒
くらい後ろに下がっていく。

ふりながら後ろに進む

ハートと線を描く

6

小さなドットを
作るように

ミルクのレイヤーがカップの縁に近づいたら約1秒、ピッチャーを液面に近づけたままミルクを注いで先端に小さなドットを作る。

↓

7

ピッチャーの先を液面から離し、絵柄の中心を手前から反対側に向かって切るようにミルクを注ぐ。

↓

8

カップの反対側の端くらいまで思い切って線を描くように注ぎ、ピッチャーを上げてミルクを止める。

Advanced 04
スワン

「リーフ」(P.96) のテクニックの応用で完成させるアートです。
かさ上げしたあと、ミルクピッチャーは一度も止めず
スワンの首と顔まで一筆描きで仕上げます。

一筆描きで
優雅なスワンに！

かさ上げして左右にふる

1

エスプレッソを入れたカップを床と平行に持ち、ミルクピッチャー側に約45度傾ける。ピッチャーを液面から離し、エスプレッソの中心にピッチャーを回しながらミルクを注ぐ。

↓

2

約6割までかさ上げし、一瞬止める

カップの6割くらいまでかさ上げできたら、ピッチャーを上げてミルクを注ぐのを一瞬止める。

↓

3

ピッチャーの先を液面に近づけて勢いよくミルクを注ぎ、カップの中心より少し手前（ピッチャー側）にミルクの白いドットを浮き上がらせる。そのままピッチャーを左右にふり、ミルクが波模様を描くようにする。

左右にふりながら前進→後進する

4

前進しながら

ミルクを注ぐ量を一定に保ちながら前に進むようにして3秒くらい左右にふり、ミルクの波模様を描いていく。注がれたミルクの量に合わせ、カップの傾きは少しずつ戻していく。

↓

5

同様にして、左右にふりながら3秒くらい後ろに下がっていく。

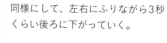

ここまでは
リーフとほぼ同じ！

レイヤーの横に線を引く

6

ピッチャーの先を液面から離し、後進して作ったレイヤーの自分と反対側の横を切るようにしてミルクを注ぎ、線を引く。

ここまで！

レイヤーの中心ではなく、
横を切るように線を引き、
スワンの首のつけ根になるところまで
ピッチャーを動かします

スワンの首を描く

7

ピッチャーの先を液面に近づけ、ドットを作るようなイメージでミルクを浮き上がらせながら後ろに進み、スワンの首になる部分を描く。

↓

8

首をレイヤーの絵柄がなくなるところまで伸ばして描いたら、頭となるドットを描く。

ドットを描いて
スワンの頭に

9

ピッチャーの先を液面から離し、頭となるドットの部分を切るように短く線を引き、ピッチャーを上げてミルクを止める。こうすると、頭の部分が小さなハート型になって白鳥の顔のように見える。

point

後進しながら描いたレイヤーの横すれすれのところを切るようにミルクを注ぐことで、左右がアシンメトリーになり、羽のように見えます。また、首と頭を描くときはカップの位置はほぼテーブルと平行に戻していてOK。落ち着いて描く場所を見極めながら、手早く仕上げて。

Advanced 05

ローズ

「ウイングチューリップ」(P.90) の先に、花びらを描いて華やかなバラの花に。
最後は1つ1つ小さなドットを手前から奥に入れて重ねるように液面にのせます。
ミルクをのせて、止める作業を正確に行うのが、きれいに描くポイントです。

ハートの先に
バラの花びらを描いて！

かさ上げして左右にふる

1

エスプレッソを入れたカップを床と平行に持ち、ミルクピッチャー側に約45度傾ける。ピッチャーを液面から離し、エスプレッソの中心にピッチャーを回しながらミルクを注ぐ。

↓

2

カップの6割くらいまでかさ上げできたら、ピッチャーを上げてミルクを注ぐのを一瞬止める。

↓

3

ピッチャーの先を液面に近づけて勢いよくミルクを注ぎ、カップの中心より少し手前（ピッチャー側）にミルクの白いドットを浮き上がらせる。そのままピッチャーを左右にふり、ミルクが波模様を描くようにする。

左右にふりながら前進し、止める

4

ミルクを注ぐ量を一定に保ちながら前に進むようにして3秒くらい左右にふり、ミルクの波模様を描いていく。注がれたミルクの量に合わせ、カップの傾きは少しずつ戻していく。

前に進みながら

5

ピッチャーを上げ、ミルクを注ぐのを一瞬止める。

内側にドットを2つ作る

6

前に滑らせるように

カップの中心より少し手前（ピッチャー側）に、ミルクの白いドットを浮き上がらせる。ピッチャーを少し前に進めるようにしてミルクを注ぎ、レイヤーの内側にドットが食い込むようにする。

↓

7

ピッチャーを上げてミルクを注ぐのを一瞬止める。

↓

8

前のドットから少し間隔を空け、もう1つミルクの白いドットを浮き上がらせる。

ドットに線を引く

9

ピッチャーの先を液面から離し、2つのドットの中心を切るようにミルクを注ぐ。

ドットの中心を
切るように

↓

10

ピッチャーを上げてミルクを一瞬止める。

外側の花びらを描く

Sの字を描く

11

2つめのハートのすぐ上の液面にピッチャーの先を近づけ、S字を描く。ピッチャーを上げ、ミルクを一瞬止める。このときカップの傾きは床と平行に戻っていてOK。

内側の花びらを描く

12

ピッチャーを液面に近づけ、S字のくぼんだ部分にミルクのドットを浮かべ、ピッチャーを上げて一瞬止める。

↓

ドットを重ねて花びらに!

13

再びピッチャーを液面に近づけ、前のドットに半分重ねるようにしてドットを浮かべ、ピッチャーを上げて一瞬止める。

↓

14

同様にして最後にもう1つドットを浮かべ、ピッチャーを上げてミルクを止める。

僕がラテアートに魅せられるまで

大学時代の挫折から、自分にできることはなんだろうと自問した日々。そんな中、ラテアートに出会って練習に励み、わずか5カ月でラテアートの世界大会への出場権を手にしました。ラテアートの魅力にすっかりハマり、国内のラテアートの大会で4回の優勝と7回の入賞を果たした僕の、これまでの歩みをご紹介します。

ジュノンボーイに応募し、
挫折を味わった大学時代

21歳のとき、友人の推薦で雑誌『JUNON』(主婦と生活社) が主催するジュノン・スーパーボーイ・コンテストに応募。人前に出るのが好きというわけではなかったけれど、友人や家族に応援してもらううちに、期待に応えたいと思うように。ベスト100人、50人、30人、15人と順調に選ばれたものの、13人に絞られたときに落選。「ファイナリストと比べて自分の個性のなさに愕然とし、ものすごい挫折感でした。

2016年、「第29回ジュノン・スーパーボーイ・コンテスト」に応募し、ベスト15人に

上京してラテアートに打ち込み、
わずか5か月で世界大会に出場

　挫折をバネに、大学卒業後すぐに上京。以前から趣味で練習していたラテアートに力を入れているカフェで働き始めました。練習に励み、わずか5カ月で、大阪で開催されたラテアートの世界大会に出場できることに。初めての大会は初戦敗退でしたが、翌年出場した国内のオンラインラテアート大会で初優勝。

2017年、大阪で開催されたラテアートの世界大会に初出場。制限時間内に、慣れない環境下で実力を発揮しなければいけない大会の難しさを体験しました。

初めてのラテアート世界大会は、初戦敗退という結果に。右が僕の作品。

2018年、オンラインのラテアートの大会で初優勝。始めて1年3か月。チャレンジのつもりで出場した大会での優勝で、すごくうれしかった！

抹茶ラテアート大会の、上位入賞者たちと。大会を通じて何度も顔を合わせるうちに親しくなりました。

これまでの受賞歴

2018	Latte One 3位
	Junkies Cup 3位
	FBC International主催 　Japan Latte Art Championship　優勝
	バリスタ3×3 カフェ対抗ラテアート 　日本一決定戦　優勝
2019	killer coffee latteart competition 2位
	Japan Matcha Latte Art Competition 2位
	Smol 2位
2020	Japan Matcha Latte Art Competition　優勝
2021	Symmetrical Latte Art Championship 優勝
2022	THE CUPS CUP 3位

2020年抹茶ラテアートの大会では、準優勝だった前年と同じ絵柄、「ローズ＆リーフ」で優勝。抹茶の緑を生かして、自然の美しさを表現したモチーフに。

ラテアート教室も大好評。
カフェ「LATTE ART MANIA」を
オープン

　ラテアートの大会に出場しながら、インスタグラムやTikTokなどのSNSで、自分のことやカフェ、ラテアートについてたくさんの人に知ってもらうことを意識して発信。初めての方でもラテアートに気軽に挑戦するきっかけづくりができたらと、ラテアート教室をスタートしました。

　そして、2022年12月に「飲める芸術」をコンセプトに、自分のお店をオープン。オーナーとして、ラテアートを多くの人に楽しんでいただくために、日々奮闘中です。

1回4人定員制のラテアート教室。最初は10人集めるのがやっとでしたが、口コミやSNSで評判になり、今では月100人を定員にしています。

お店の入り口近くのカウンター奥には、ラテアートの大会で勝ち取ったトロフィーも。

2022年12月にオープンした「LATTE ART MANIA」の店内。ラテアートを「飲める芸術」として提供。

店内に飾っているのは、上京した当初からの友人たちとのショット。目指す道はそれぞれでも、いざというときは支え合える心強い仲間たち。

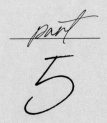

part

5

超上級者編

チャレンジ！フリーポア

これまでにご紹介したフリーポアの技術をベースにした、
複雑なフリーポア。中でも僕の自信作「タツノオトシゴ」と
「ローズ＆リーフ」の描き方をご紹介します。さまざまな
ラテアートを参考にしながら、技術を磨いていきましょう！

タツノオトシゴ

カップを回して向きを変えながら、レイヤーやハートなど、さまざまな
技術を使って描きます。液面が広い方が描きやすいので、通常より大きめの
8オンスのカップと20オンスのピッチャーを使用しています。

カップを回しながら描く
繊細なアート！

1

カップの7割くらいまで かさ上げする

エスプレッソを入れたカップを持ち手が ピッチャー側にくるようにして床と平行 に持ち、ピッチャー側に約40度傾ける。 ピッチャーを液面から離し、回しながら ミルクを注ぐ。カップの7割くらいまで かさ上げできたら、ピッチャーを上げて ミルクを注ぐのを一瞬止める。

↓

2

背ビレを描く

ピッチャー側から見てカップの手前の方 に、ドットを3つ作る。少し離してもう 1つドットを作り、ピッチャーを液面か ら離して4つのドットの中心を切るよう に線を引く。注がれたミルクの量に合わ せ、カップの傾きは少しずつ戻していく。

↓

3

体の上の部分を描く

カップの持ち手が手前側にくるように回 す。ピッチャーを液面に近づけて中心か ら後進しながら小さく左右にふり、細め の波模様を描く。カップの側面に近づく につれて波の左右の幅が細くなるように ふり、ピッチャーを上げてミルクをいっ たん止める。

カップの持ち手を
自分と反対の方に

4

体の下の部分を描く

カップの持ち手が自分の真反対より
少しピッチャー側にくるように回す。
ピッチャーを液面に近づけて中心か
ら後進しながら小さく左右にふり、
細めの波模様を描く。

↓

ミルクを液面に
置くように

5

尾を描く

ピッチャーを液面に近づけたまま、
ミルクを液面に置くようなイメージ
で渦巻き状の尾を丁寧に描く。

仕上がりの絵柄を
イメージしながら
素早く、丁寧に
描いていきます

118

カップの持ち手を
ピッチャー側に

6

お腹〜胸を描く

カップの持ち手がピッチャー側にくるように回す。ピッチャーを液面に近づけ、背ビレと反対側の体の中心にミルクのドットを浮かべ、そのままミルクを置いていくように腹側の体の上の方までミルクで線を描く。

↓

7

顔を描く

ミルクの線が体の上まできたら、そのままミルクの線で顔を描く。口先を長めに伸ばし、目の部分はミルクを注がないようにしてエスプレッソの茶色を残す。

part
5

01
タツノオトシゴ

↓

8

仕上げ

液面の茶色い部分の3か所に、3つずつ、ミルクをほんの少しずつ浮かべて点を描き、全体の絵柄のバランスを整える。

Special 02
ローズ＆リーフ

抹茶ラテアートの大会で優勝したときに描いた、僕のお気に入りのモチーフ。
左右非対称の絵柄を、一定のペースで正確に描いていきます。
こちらは通常のラテアートと同じ6オンスのカップと15オンスのピッチャーを使用。

自然を表現した
モチーフをのびのびと！

1

カップの6割くらいまで
かさ上げする

エスプレッソを入れたカップを床と平行
に持ち、ピッチャー側に約45度傾ける。
ピッチャーを液面から離し、回しながら
ミルクを注ぐ。カップの6割くらいまで
かさ上げできたら、ピッチャーを上げて
ミルクを注ぐのを一瞬止める。

↓

2

左右にミルクの太い波を描く

ピッチャーを液面に近づけ、手前側の方
の奥に白いドットを浮かべる。そのまま
ミルクを置いていくようにして後進しな
がら左右に5往復し、ピッチャー側のカ
ップの端までミルクの太い線で波模様を
描いていく。注がれたミルクの量に合わ
せ、カップの傾きは少しずつ戻していく。

レイヤーを描くときより
ゆっくりと落ち着いて

3

ピッチャーを液面から離し、線を引く

ピッチャーを液面から離し、波模様の中心の手前から反対側に向かって線を引く。

↓

4

ローズの葉を描く−1

カップの前後の半分より自分と反対側の方に白いドットを浮かべる。そのままミルクを置いていくようにして8の字を横にしたようなミルクの太い線を描く。

5

ローズの葉を描く－2

8の字の奥側にドットを浮かべる。ピッチャーを液面から離し、ドットの中心の手前から奥に向かって線を引き、小さなハート形の葉を描く。

↓

6

外側の花びらを描く

ピッチャーを液面に近づけ、ローズの葉の手前側にS字を描く。

↓

7

内側の花びらを描く

外側の花びらの手前にドットを3つ、少しずつ奥に押し込むようにして浮かべ、ローズの内側の花びらにする。

超上級ラテアート

これまでご紹介したテクニックを複雑に
組み合わせた、超上級ラテアート。
工夫して新たなアートに挑戦するのもいいし、
お店で提供するラテアートを
味わうのも楽しいですよ！

「ユニコーン」。レイヤーと、「ス
ワン」(P.100) の首を描いたミル
クで白い線を描く技法を組み合わ
せています。

「ウイングチューリップ」(P.90)
の進化バージョン。ドットの中に
ドットを入れたハートと、最後に
もう1つハートをプラス。

「レイヤーハート」(P.86) を小さ
めに描き、矢を突き刺したモチー
フ。矢は後ろに進みながらレイヤ
ーを描き、中心に線を引きます。

「リーフ」(P.96) をアレンジした、「スローリーフ」。ゆっくりと一定のペースで正確にレイヤーを描き、前後に進みます。

LATTE ART MANIA

「飲める芸術」がコンセプト。スタンド＆カウンター8席と奥のソファ4席。テイクアウトも可。東京メトロ銀座線表参道駅より徒歩10分、外苑前駅2番出口より徒歩1分。

㊟東京都港区北青山2-9-13
齋藤ビル1F
☎11：00〜18：00
㊡年末年始

「スワン」(P.100) をアレンジした「フラミンゴ」。レイヤーを描いたあと一度ミルクを止め、羽、首から頭へと繋げて描いていきます。

※掲載しているカフェ情報は、2023年1月31日時点のものです。営業時間などは変更する場合があります。

part
5

超上級ラテアート

おわりに

　みんなを幸せな気持ちにしてくれる「ラテアート」。本格的に始めてから、5年以上が経ちます。

　今、僕が目標としているのは、「ラテアート」と「カフェ」の価値を多くの人に広めること。ラテアートだけでなく、コーヒーの焙煎や抽出方法などに、本気で取り組んでいる人はたくさんいるけれど、日本でのカフェの需要は、海外ほどは高くありません。ラテアートを「飲める芸術」として1つのアートのように楽しんだり、1日に何度もカフェに立ち寄って気軽にコーヒーを飲むような文化が根づけば、カフェの価値は上がるはずです。

　カフェで働く若い人の多くは、ある程度の年齢になったら別の仕事を…と考えてしまうのが現状です。そうではなく、今本気でカフェに携わり取り組んでいる人たちが、一生の仕事として誇れるような世の中になったらいいな。そんなことを日々、考えています。

　応援し、支えてくれた家族、先輩方、仲間たち、教室の生徒さん、SNSのフォロワーの方々。そして、この本を手にとってくださった、すべての方に感謝を込めて。

　　　　　　　　　　　　　　　　　　　　　　　馬場健太

馬場健太（ばば　けんた）

福岡県出身。「飲める芸術」をコンセプトにしたカフェ「LATTE ART MANIA」オーナー。21歳のときに「第29回ジュノン・スーパーボーイ・コンテスト」でベスト15に選出。大学卒業と同時に上京し、本格的にバリスタの仕事を始める。5カ月後には大阪で開催されたラテアートの世界大会「coffee fest latte artworld championship 2017」に異例の早さで出場。その後、ラテアートの大会で4回優勝、7回の入賞を果たす。いっぽうで、日本一の生徒数を誇るラテアート教室を開催。SNS総フォロワー数は約90万人（2023年2月3日現在）で、日本初のバリスタ・カフェ系インフルエンサーとしても活動。けんけんの愛称で親しまれる。

・Instagram　@kenken_baaaa
・Instagram　@latteartmania_tokyo

最速（さいそく）でマスターできる
ラテアートBook（ブック）

2023年3月9日　初版発行

著者／馬場　健太（ばば　けんた）

発行者／山下　直久

発行／株式会社KADOKAWA
〒102-8177　東京都千代田区富士見2-13-3
電話　0570-002-301（ナビダイヤル）

印刷所／大日本印刷株式会社

●お問い合わせ
https://www.kadokawa.co.jp/（「お問い合わせ」へお進みください）
※内容によっては、お答えできない場合があります。
※サポートは日本国内のみとさせていただきます。
※Japanese text only

定価はカバーに表示してあります。